Impressum
Verlag: BABADADA GmbH, Nedderfeld 112 , 22529 Hamburg
Geschäftsführer / Verlagsleitung: Harald Hof
Druck: Books on Demand GmbH, In de Tarpen 42, 22848 Norderstedt

Imprint
Publisher: BABADADA GmbH, Nedderfeld 112 , 22529 Hamburg, Germany
Managing Director / Publishing direction: Harald Hof
Print: Books on Demand GmbH, In de Tarpen 42, 22848 Norderstedt, Germany

škola
Šola

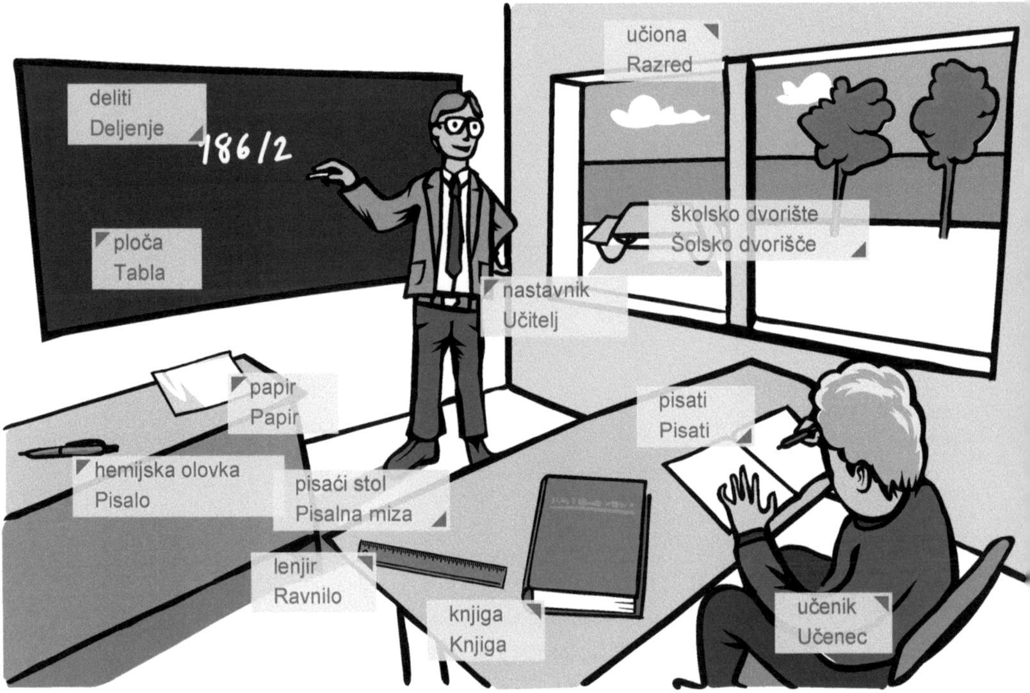

učiona
Razred
deliti
Deljenje
186/2
ploča
Tabla
školsko dvorište
Šolsko dvorišče
nastavnik
Učitelj
papir
Papir
pisati
Pisati
hemijska olovka
Pisalo
pisaći stol
Pisalna miza
lenjir
Ravnilo
knjiga
Knjiga
učenik
Učenec

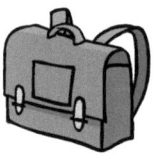

torba

Šolska torba

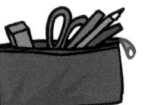

pernica

Peresnica

grafitna olovka

Svinčnik

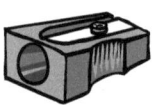

šiljilo za olovke

Šilček

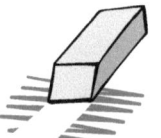

gumica za brisanje

Radirka

blok za crtanje

Risalni blok

crtež
Risba

kist
Čopič

kutija sa bojama
Vodene barvice

makaze
Škarje

lepilo
Lepilo

beležnica
Zvezek

domaći zadatak
Domača naloga

12

broj
Število

2+2

sabirati
Seštevanje

5-2

oduzimati
Odštevanje

2×2

množiti
Množenje

računati
Računanje

A

slovo
Črka

ABCDEFG HIJKLMN OPQRSTU VWXYZ

abeceda
Abeceda

hello

reč
Beseda

tekst

Besedilo

čitati

Brati

kreda

Kreda

čas

Učna ura

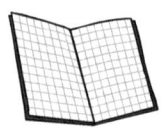

dnevnik

Redovalnica

ispit

Preizkus znanja

svedočanstvo

Spričevalo

školska uniforma

Šolska uniforma

obrazovanje

Izobrazba

leksikon

Enciklopedija

univerzitet

Univerza

mikroskop

Mikroskop

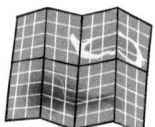

karta

Zemljevid

košara za papir

Koš za smeti

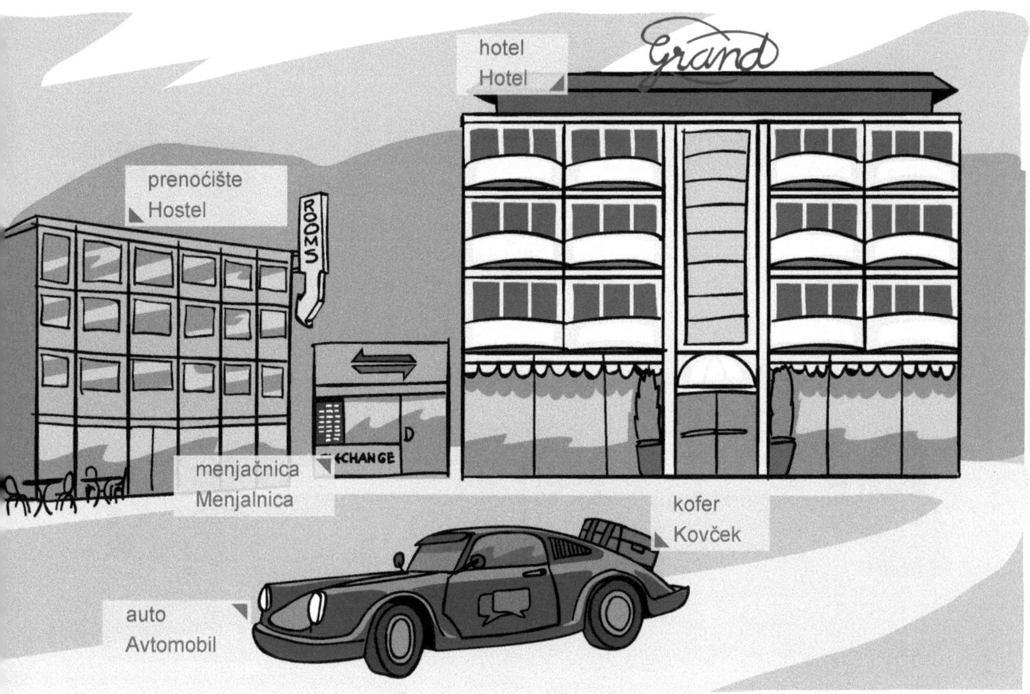
hotel
Hotel
Grand
prenoćište
Hostel
ROOMS
menjačnica
Menjalnica
EXCHANGE
kofer
Kovček
auto
Avtomobil

jezik
Jezik

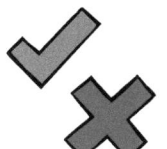

da / ne
da / ne

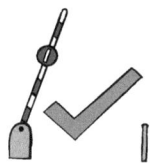

okej
Prav

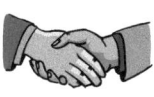

zdravo
Pozdravljeni

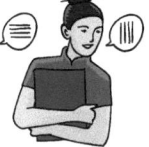

prevodilac
Prevajalec

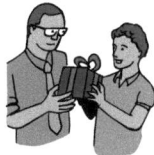

hvala
Hvala

Koliko košta...?

Koliko stane...?

ne razumem

Ne razumem

problem

Težava

dobro veče!

Dober večer!

Dobro jutro!

Dobro jutro!

Laku noć!

Lahko noč!

doviđenja

Nasvidenje

smer

Smer

prtljaga

Prtljaga

torba

Torba

ruksak

Nahrbtnik

gost

Gost

soba

Soba

vreća za spavanje

Spalna vreča

šator

Šotor

turističke informacije

Turistične informacije

plaža

Plaža

kreditna kartica

Kreditna kartica

doručak

Zajtrk

ručak

Kosilo

večera

Večerja

karta za vožnju

Vozovnica

lift

Dvigalo

poštanska markica

Znamka

granica

Meja

carina

Carina

ambasada

Veleposlaništvo

viza

Vizum

pasoš

Potni list

transport
Prevoz

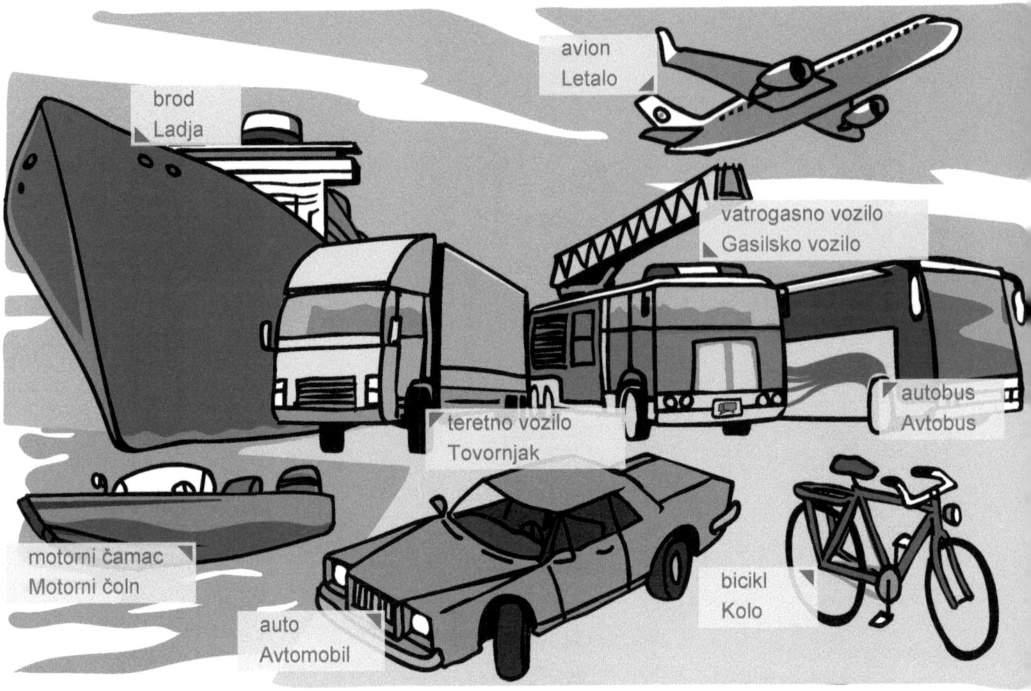

avion
Letalo
brod
Ladja
vatrogasno vozilo
Gasilsko vozilo
autobus
Avtobus
teretno vozilo
Tovornjak
motorni čamac
Motorni čoln
bicikl
Kolo
auto
Avtomobil

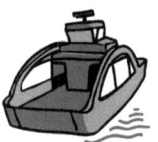

trajekt

Trajekt

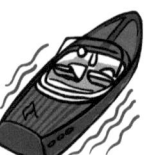

čamac

Čoln

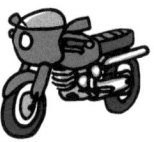

motocikl

Motorno kolo

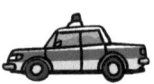

policijski auto

Policijski avto

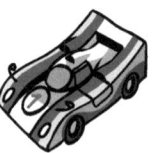

trkaći auto

Dirkalni avto

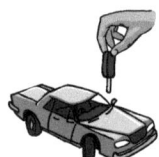

iznajmljeno auto

Najeto vozilo

delenje automobila

Souporaba avtomobila

vučno vozilo

Avtovleka

vozilo za odvoz smeća

Smetarsko vozilo

motor

Motor

benzin

Gorivo

benzinska stanica

Bencinska postaja

saobraćajni znak

Prometni znak

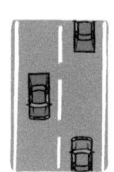

saobraćaj

Promet

zastoj

Zastoj

parkiralište

Parkirišče

železnička stanica

Železniška postaja

šine

Tirnice

voz

Vlak

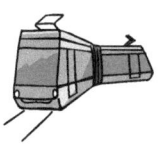

tramvaj

Tramvaj

vagon

Vagon

helikopter
Helikopter

aerodrom
Letališče

kula
Stolp

putnik
Potnik

kontejner
Kontejner

karton
Karton

kolica
Voziček

korpa
Košara

uzleteti / sleteti
vzleteti / pristati

grad
Mesto

selo
Vas

centar grada
Mestno jedro

kuća
Hiša

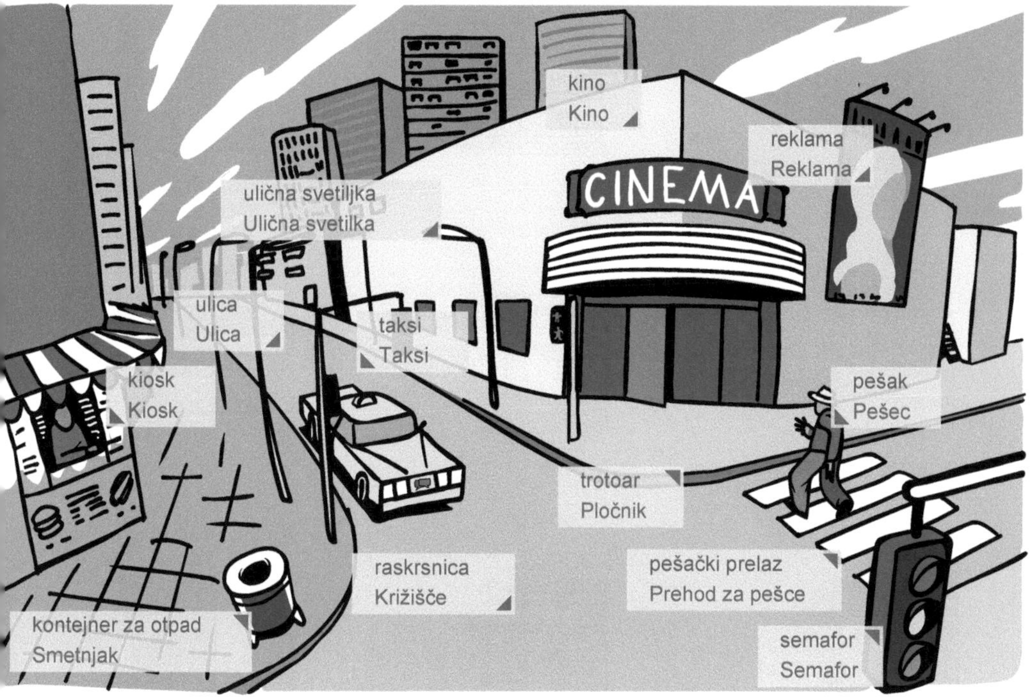

kino
Kino

reklama
Reklama

ulična svetiljka
Ulična svetilka

ulica
Ulica

taksi
Taksi

kiosk
Kiosk

CINEMA

pešak
Pešec

trotoar
Pločnik

raskrsnica
Križišče

pešački prelaz
Prehod za pešce

kontejner za otpad
Smetnjak

semafor
Semafor

koliba
Koča

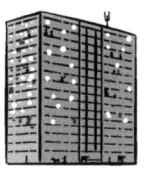

stan
Stanovanje

železnička stanica
Železniška postaja

većnica
Mestna hiša

muzej
Muzej

škola
Šola

univerzitet

Univerza

banka

Banka

bolnica

Bolnišnica

hotel

Hotel

apoteka

Lekarna

kancelarija

Pisarna

knjižara

Knjigarna

prodavnica

Trgovina

cvećara

Cvetličarna

supermarket

Supermarket

trg

Tržnica

robna kuća

Veleblagovnica

ribarnica

Ribarnica

trgovački centar

Nakupovalno središče

luka

Pristanišče

park
Park

klupa
Klop

most
Most

stepenice
Stopnice

podzemna železnica
Podzemna železnica

tunel
Predor

autobuska stanica
Avtobusno postajališče

bar
Bar

restoran
Restavracija

poštansko sanduče
Poštni nabiralnik

ulični znak
Ulična tabla

parkirni automat
Parkirna ura

zoološki vrt
Živalski vrt

bazen
Kopališče

džamija
Mošeja

seosko gazdinstvo
Kmetija

zagađenje okoline
Onesnaževanje

groblje
Pokopališče

crkva
Cerkev

igralište
Otroško igrišče

hram
Tempelj

pejsaž
Pokrajina

list
List

putokaz
Kažipot

put
Pot

livada
Travnik

kamen
Kamen

šetač
Pohodnik

drvo
Drevo

reka
Reka

trava
Trava

cvijet
Cvetlica

dolina
Dolina

planina
Hrib

jezero
Jezero

šuma
Gozd

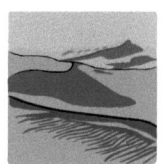

pustinja
Puščava

vulkan
Vulkan

dvorac
Grad

duga
Mavrica

gljiva
Goba

palma
Palma

moskito
Komar

muva
Muha

mrav
Mravlja

pčela
Čebela

pauk
Pajek

buba

Hrošč

žaba

Žaba

veverica

Veverica

jež

Jež

zec

Zajec

sova

Sova

ptica

Ptič

labud

Labod

divlja svinja

Divji prašič

jelen

Jelen

los

Los

nasip

Jez

vetrenjača

Vetrnica

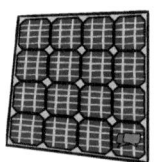

solarna ploča

Solarna plošča

klima

Podnebje

restoran
Restavracija

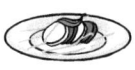

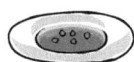

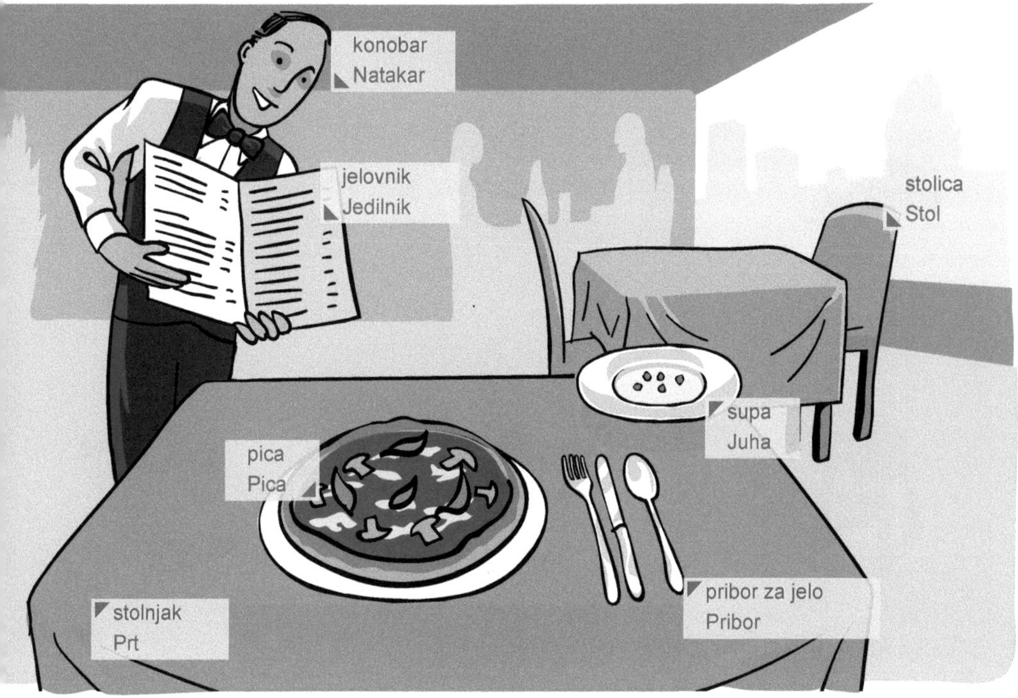
konobar
Natakar
jelovnik
Jedilnik
stolica
Stol
supa
Juha
pica
Pica
pribor za jelo
Pribor
stolnjak
Prt

predjelo

Predjed

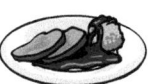

glavno jelo

Glavna jed

desert

Sladica

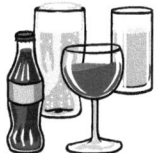

napitci

Pijače

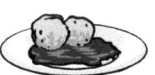

jelo

Hrana

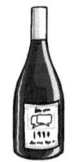

flaša

Steklenica

brza hrana

Hitra hrana

imbis hrana

Ulična hrana

čajnik

Čajnik

doza za šećer

Sladkornica

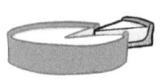

porcija

Porcija

aparat za espresso

Aparat za espresso

visoka stolica

Stolček za hranjenje

račun

Račun

poslužavnik

Pladenj

nož

Nož

viljuška

Vilica

kašika

Žlica

čajna kašika

Čajna žlička

salveta

Servieta

čaša

Kozarec

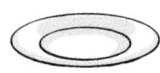

tanjir

Krožnik

tanjir za supu

Globoki krožnik

tanjirić

Krožniček

sos

Omaka

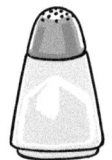

soljenka

Solnica

mlin za biber

Mlinček za poper

sirće

Kis

ulje

Olje

začini

Začimbe

kečap

Kečap

senf

Gorčica

majoneza

Majoneza

supermarket
Supermarket

ponuda
Posebna ponudba
kupac
Stranka
mlečni proizvodi
Mlečni izdelki
voće
Sadje
kolica za kupovinu
Nakupovalni voziček
FOR

BUTCHERS

mesnica

Mesnica

BAKERY

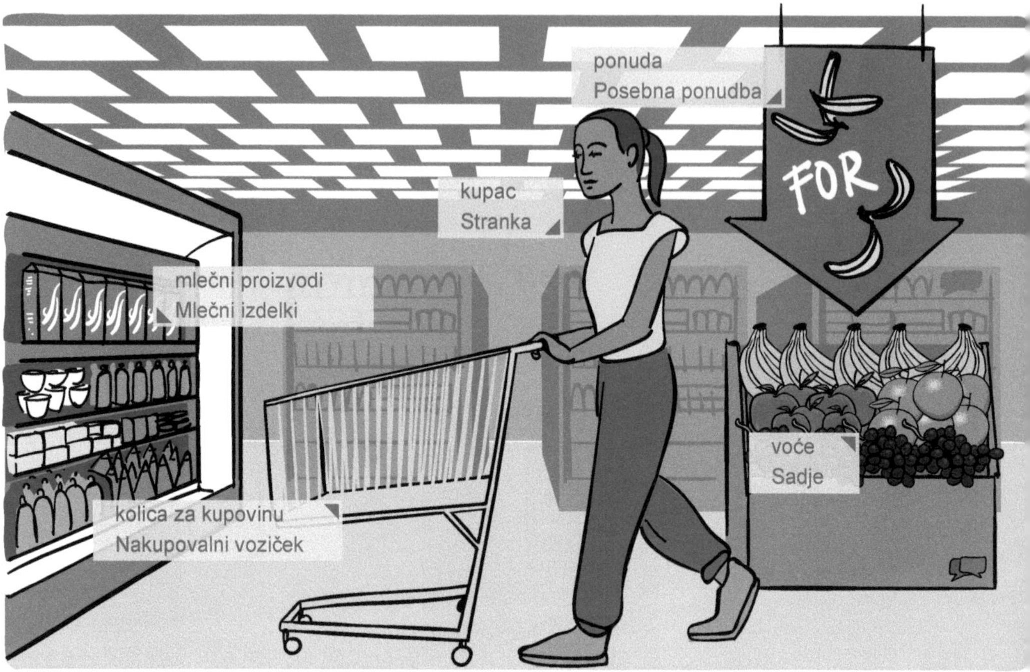

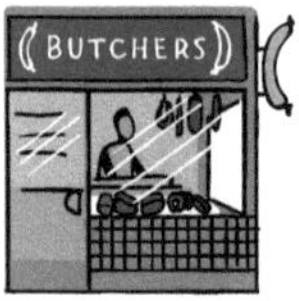

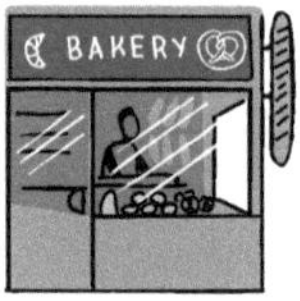

pekara

Pekarna

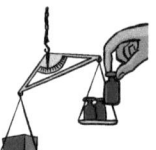

vagati

Tehtati

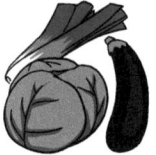

povrće

Zelenjava

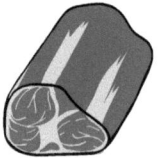

meso

Meso

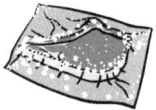

smrznuta hrana

Zamrznjena hrana

narezak
Hladne mesnine

konzerve
Konzerve

sredstvo za pranje
Pralni prašek

slatkiši
Sladkarije

artikli za domaćinstvo
Gospodinjski izdelki

sredstva za čišćenje
Čistilno sredstvo

prodavačica
Prodajalka

blagajna
Blagajna

blagajnik
Blagajnik

lista za kupovinu
Nakupovalni seznam

vreme rada
Delovni čas

novčanik
Denarnica

kreditna kartica
Kreditna kartica

torba
Torba

plastična kesa
Plastična vrečka

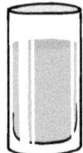

voda
Voda

sok
Sok

mleko
Mleko

kola
Kola

vino
Vino

pivo
Pivo

alkohol
Alkohol

kakao
Kakav

čaj
Čaj

kava
Kava

espresso
Espresso

cappuccino
Kapučino

banana

Banana

jabuka

Jabolko

narandža

Pomaranča

lubenica

Lubenica

limun

Limona

šargarepa

Korenje

beli luk

Česen

bambus

Bambus

luk

Čebula

gljiva

Goba

orašasti plodovi

Oreščki

rezanci

Rezanci

špagete
Špageti

riža
Riž

salata
Solata

pomfrit
Ocvrt krompirček

pečeni krumpir
Pečen krompir

pica
Pica

hamburger
Hamburger

sendvič
Sendvič

šnicla
Zrezek

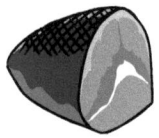

šunka
Šunka

salama
Salama

kobasica
Klobasa

kokoš
Piščanec

pečenje
Pečenka

riba
Riba

zobene pahuljice

Ovseni kosmiči

musli

Musli

kukuruzne pahuljice

Koruzni kosmiči

brašno

Moka

kroasan

Rogljiček

pecivo

Žemlja

hleb

Kruh

toast

Prepečenec

keksi

Piškoti

maslac

Maslo

sveži sir

Skuta

kolač

Torta

jaje

Jajce

jaje na oko

Pečeno jajce na oko

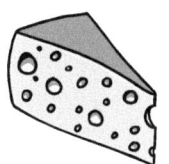

sir

Sir

sladoled
Sladoled

šećer
Sladkor

med
Med

marmelada
Marmelada

nugat krema
Čokoladni namaz

kari
Kari

seosko gazdinstvo
Kmetija

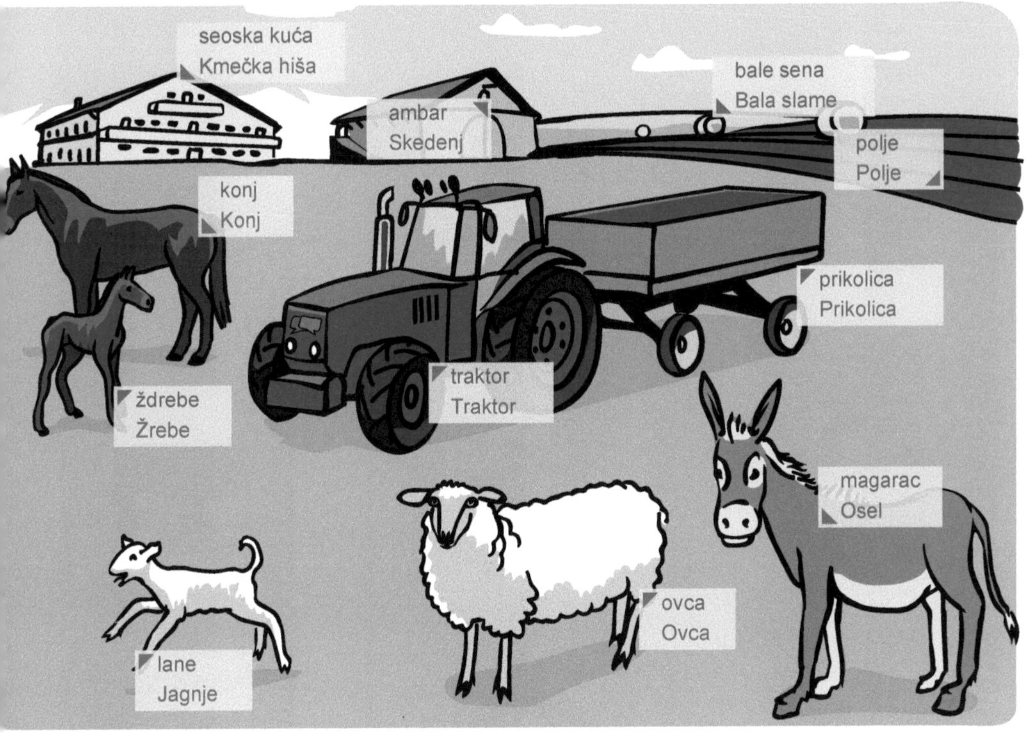
seoska kuća
Kmečka hiša
ambar
Skedenj
bale sena
Bala slame
polje
Polje
konj
Konj
prikolica
Prikolica
ždrebe
Žrebe
traktor
Traktor
magarac
Osel
ovca
Ovca
lane
Jagnje

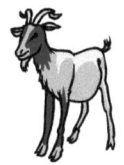

koza

Koza

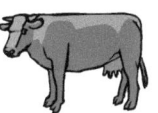

krava

Krava

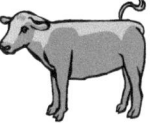

tele

Tele

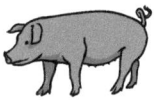

svinja

Prašič

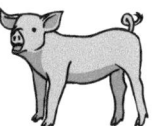

prase

Pujsek

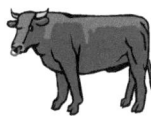

bik

Bik

guska

Gos

patka

Raca

pilići

Piščanec

kokoš

Kokoš

petao

Petelin

pacov

Podgana

mačka

Mačka

miš

Miš

vol

Vol

pas

Pes

kućica za psa

Pasja uta

vrtno crevo

Cev za zalivanje

kanta za polivanje

Kangla za zalivanje

kosa

Kosa

plug

Plug

srp

Srp

motika

Motika

viljuška za đubrivo

Vile

sekira

Sekira

tačke

Samokolnica

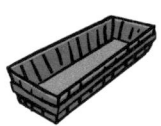

korito

Korito

posuda za mleko

Kangla za mleko

vreća

Vreča

ograda

Ograja

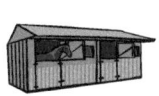

štala

Hlev

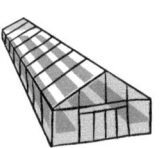

staklenik

Rastlinjak

zemlja

Prst

seme

Seme

đubrivo

Gnojilo

kombajn

Kombajn

žeti
....
Žeti

žetva
....
Žetev

jams začin
....
Jam

pšenica
....
Pšenica

soja
....
Soja

krumpir
....
Krompir

kukuruz
....
Koruza

uljana repica
....
Oljna ogrščica

voćka
....
Sadno drevo

gomolj manioke
....
Maniok

žitarice
....
Žito

kuća
Hiša

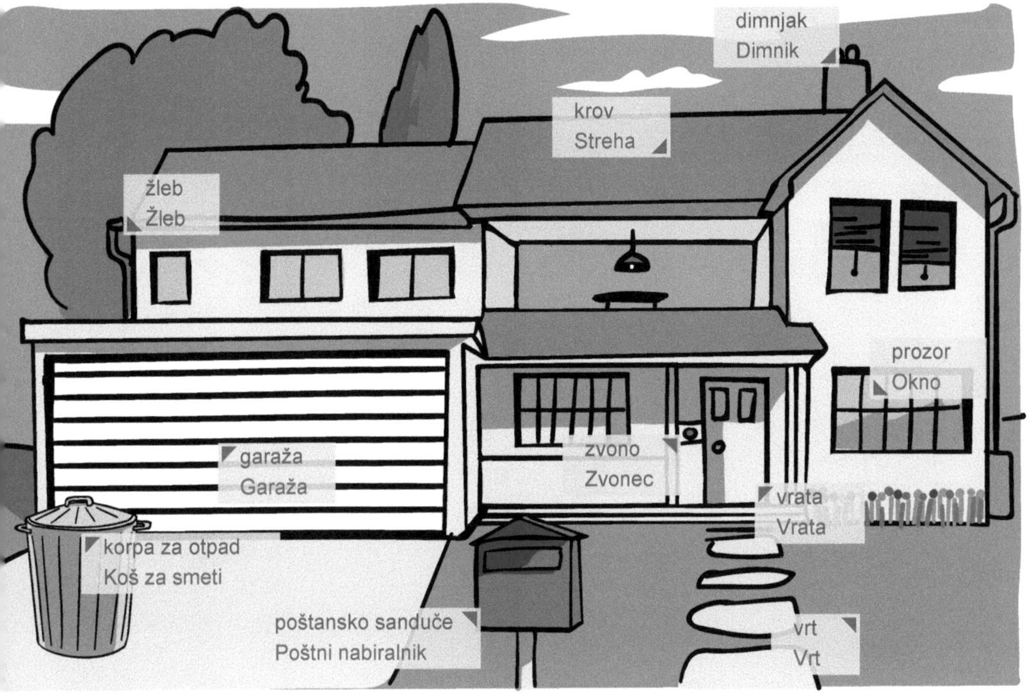
dimnjak
Dimnik
krov
Streha
žleb
Žleb
prozor
Okno
garaža
Garaža
zvono
Zvonec
vrata
Vrata
korpa za otpad
Koš za smeti
poštansko sanduče
Poštni nabiralnik
vrt
Vrt

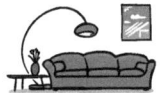

dnevna soba

Dnevna soba

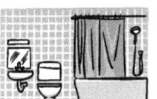

kupaonica

Kopalnica

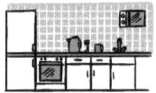

kuhinja

Kuhinja

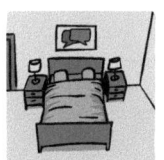

spavaća soba

Spalnica

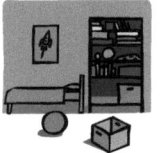

dečija soba

Otroška soba

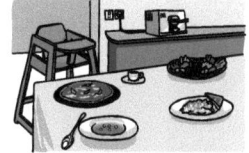

trpezarija

Jedilnica

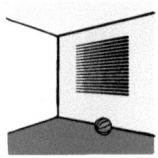

pod

Tla

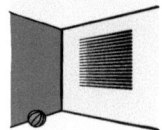

zid

Stena

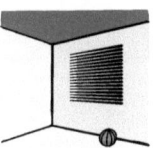

strop

Strop

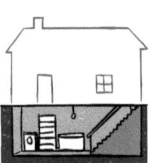

podrum

Klet

sauna

Savna

balkon

Balkon

terasa

Terasa

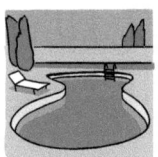

bazen

Bazen

kosilica za travu

Kosilnica

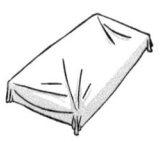

posteljina za krevet

Rjuha

deka za krevet

Posteljno pregrinjalo

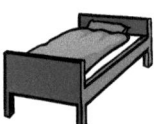

krevet

Postelja

metla

Metla

kanta

Vedro

prekidač

Stikalo

dnevna soba
Dnevna soba

tapeta
Tapeta
slika
Slika
svetiljka
Svetilka
regal
Polica
ormar
Omara
televizija
Televizor
kamin
Kamin
cvijet
Cvetlica
jastuk
Blazina
kauč
Zofa
vaza
Vaza
daljinski upravljač
Daljinski upravljalnik

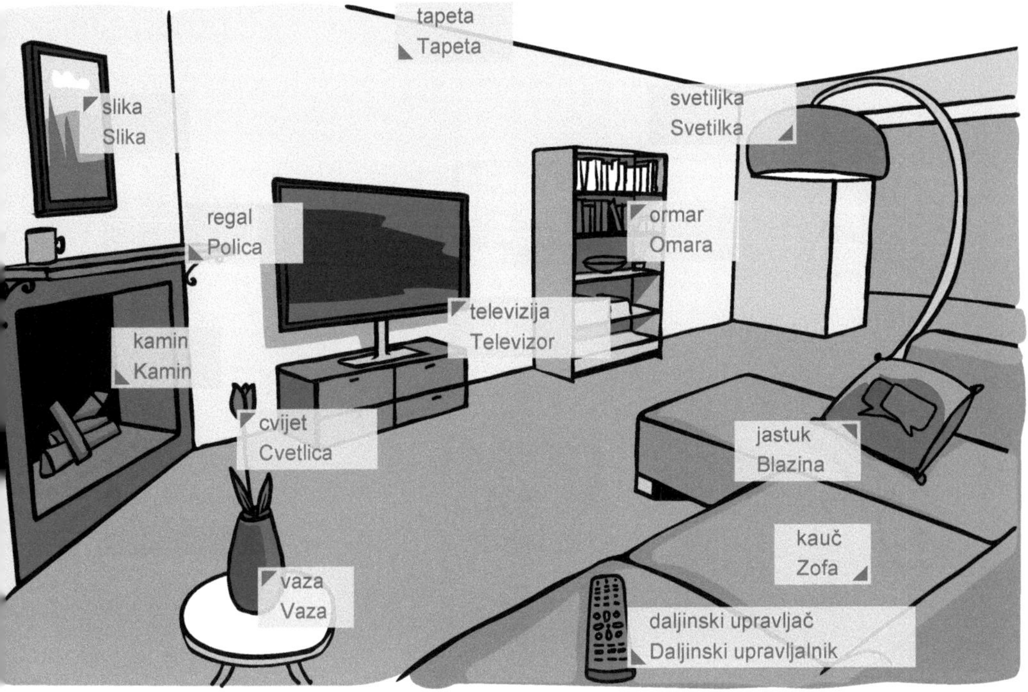

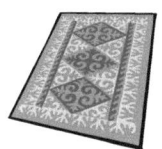

tepih

Preproga

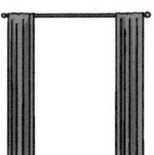

zavesa

Zavesa

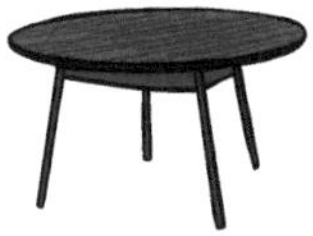

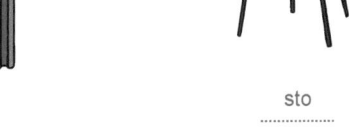

sto

Miza

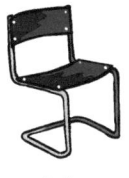

stolica

Stol

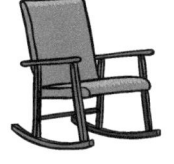

stolica za njihanje

Gugalnik

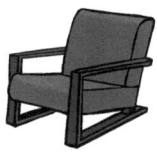

fotelja

Naslanjač

knjiga

Knjiga

deka

Odeja

dekoracija

Dekoracija

drvo za ogrev

Drva

film

Film

hi-fi uređaj

Glasbeni stolp

ključ

Ključ

novine

Časopis

slika na platnu

Slika

poster

Plakat

radio

Radio

blok za pisanje

Beležka

usisivač

Sesalnik

kaktus

Kaktus

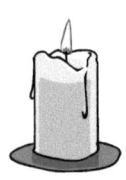

sveća

Sveča

kuhinja
Kuhinja

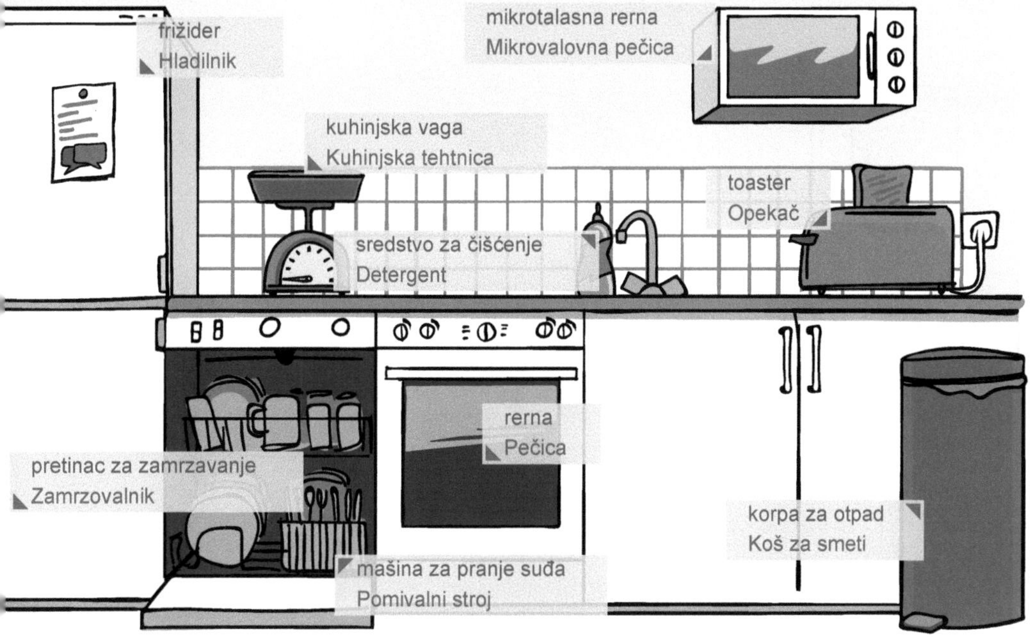
frižider
Hladilnik
mikrotalasna rerna
Mikrovalovna pečica
kuhinjska vaga
Kuhinjska tehtnica
toaster
Opekač
sredstvo za čišćenje
Detergent
rerna
Pečica
pretinac za zamrzavanje
Zamrzovalnik
korpa za otpad
Koš za smeti
mašina za pranje suđa
Pomivalni stroj

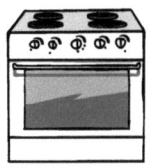

šporet

Kozica

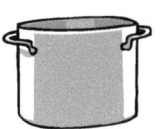

lonac

Lonec

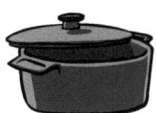

gvozdeni lonac

Litoželezni lonec

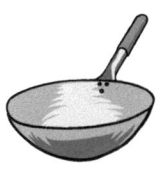

wok / kadai

Vok / kadai

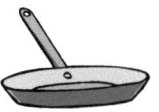

tava

Ponev

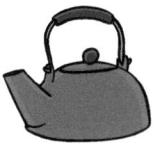

kuvalo za vodu

Kotliček

kuvalo na paru

Parni kuhalnik

lim za pečenje

Pekač

posuđe

Posoda

čaša

Skodelica

posuda

Skleda

štapići za jelo

Jedilne paličice

kutlača

Zajemalka

lopatica

Lopatica

penjača

Metlica

sito za kuvanje

Cedilnik

sito

Cedilo

ribež

Strgalo

mužar

Možnar

roštilj

Žar

ognjište

Ognjišče

daska

Deska za rezanje

oklagija

Valjar

vadičep

Odpirač za steklenice

konzerva

Pločevinka

otvarač konzervi

Odpirač za konzerve

krpa za lonac

Prijemalka za posodo

sudoper

Korito

četka

Ščetka

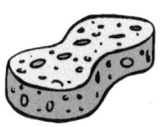

sunđer

Goba

mikser

Mešalnik

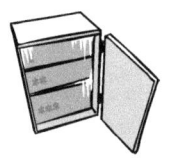

zamrzivač

Zamrzovalna skrinja

flašica za bebe

Steklenička

slavina za vodu

Pipa

kupaonica
Kopalnica

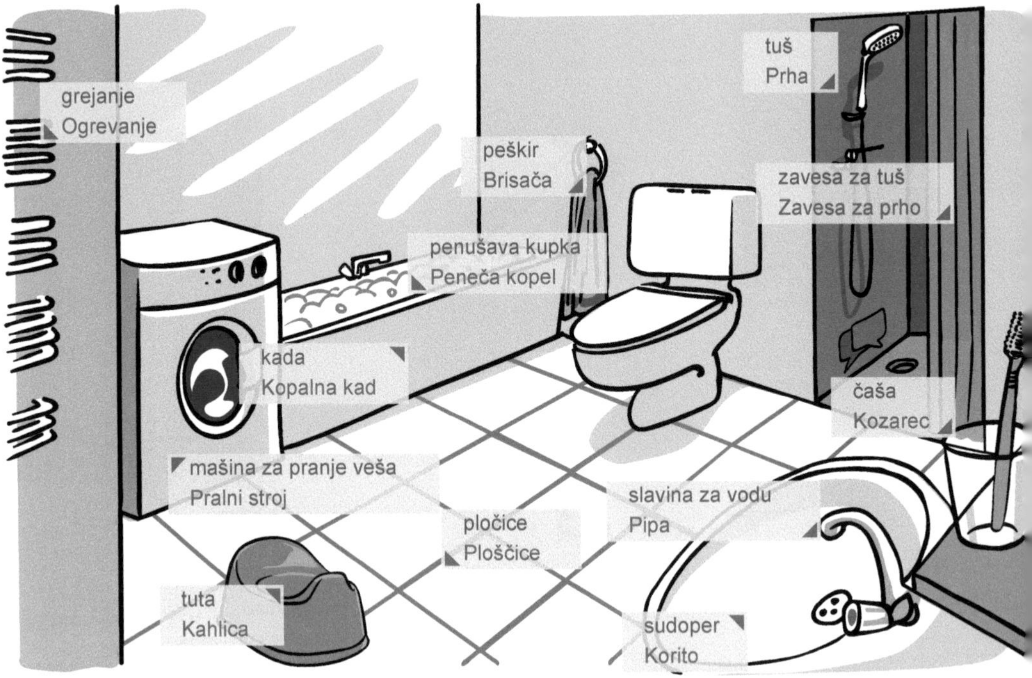

grejanje
Ogrevanje
peškir
Brisača
tuš
Prha
zavesa za tuš
Zavesa za prho
penušava kupka
Peneča kopel
kada
Kopalna kad
čaša
Kozarec
mašina za pranje veša
Pralni stroj
slavina za vodu
Pipa
pločice
Ploščice
tuta
Kahlica
sudoper
Korito

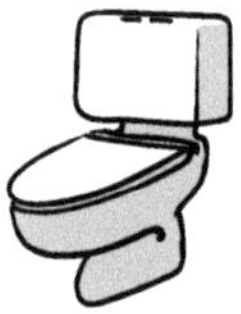

toalet

Stranišče

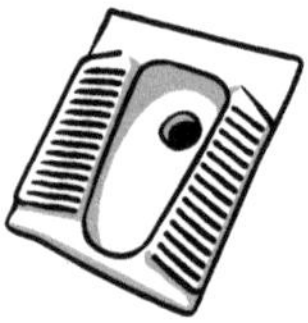

čučavac

Stranišče na počep

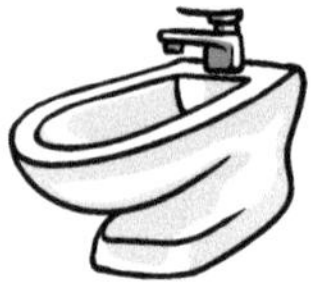

bidet

Bide

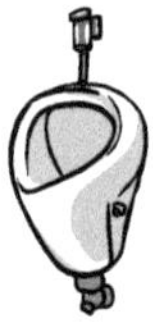

pisoar

Pisoar

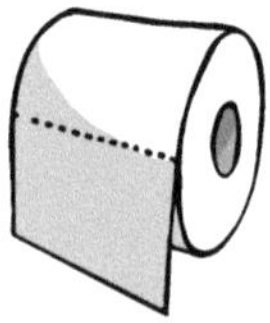

toaletni papir

Toaletni papir

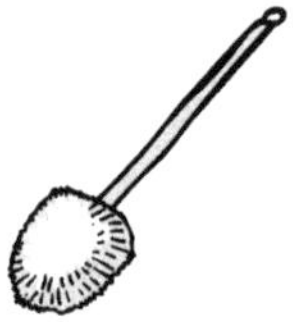

četka za toalet

Ščetka za straniščno školjko

četkica za zube

Zobna ščetka

pasta za zube

Zobna pasta

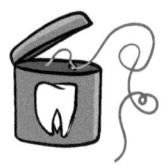

konac za zube

Zobna nitka

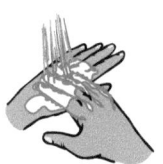

prati

Umiti se

tuš ručica

Ročna prha

tuš za pranje intimnih delova

Prha za intimne dele

lavor

Umivalnik

četka za pranje leđa

Krtača za hrbet

sapun

Milo

gel za tuširanje

Gel za prhanje

šampon

Šampon

krpa za pranje

Krpica za miljenje

odvod

Odtok

krema

Krema

dezodorans

Deodorant

ogledalo

Ogledalo

kozmetičko ogledalo

Ročno ogledalo

brijač

Britvica

pena za brijanje

Pena za britje

losion za posle brijanja

Vodica po britju

češalj

Glavnik

četka

Ščetka

fen za kosu

Sušilnik za lase

sprej za kosu

Lak za lase

makeup

Ličila

ruž za usne

Šminka

lak za nokte

Lak za nohte

vata

Vatirane blazinice

makaze za nokte

Škarjice za nohte

parfem

Parfum

kozmetička torbica

Toaletna torbica

stolica

Stol brez naslonjala

vaga

Osebna tehtnica

ogrtač

Kopalni plašč

rukavice za čišćenje

Gumijaste rokavice

tampon

Tampon

uložak

Damski vložki

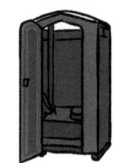

hemijski toalet

Kemično stranišče

dečija soba
Otroška soba

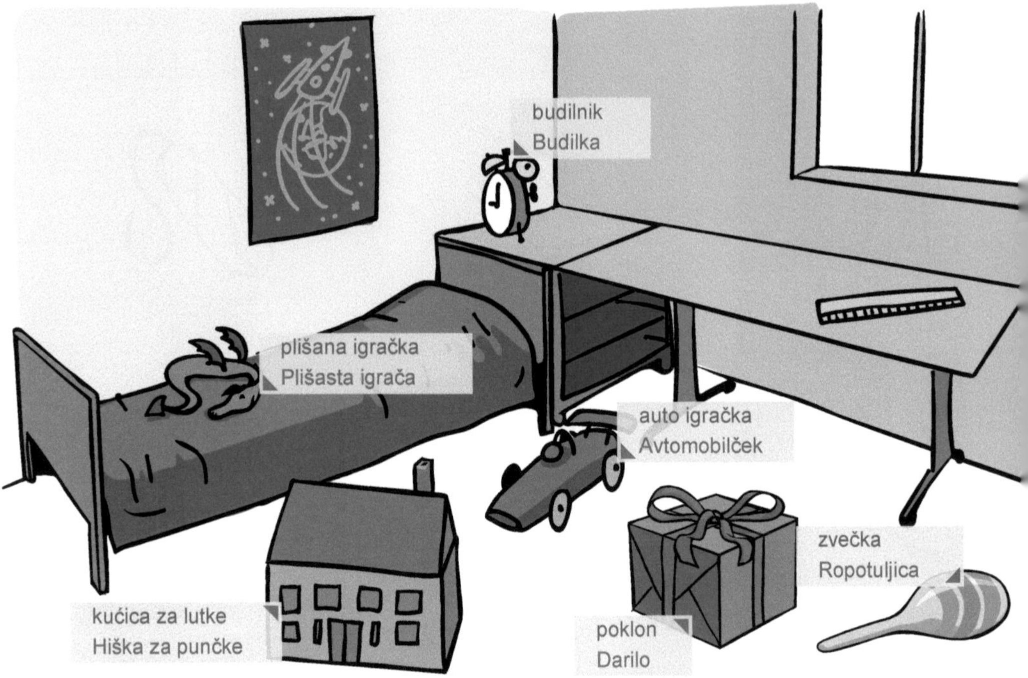
budilnik
Budilka
plišana igračka
Plišasta igrača
auto igračka
Avtomobilček
zvečka
Ropotuljica
kućica za lutke
Hiška za punčke
poklon
Darilo

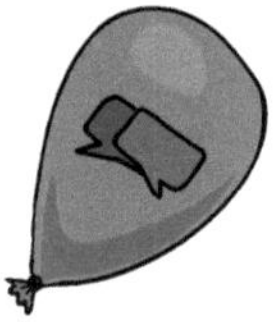

balon
Balon

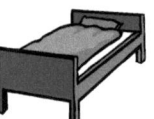

krevet
Postelja

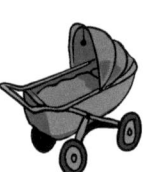

dječija kolica
Otroški voziček

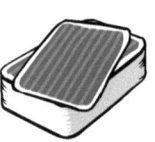

igra s kartama
Igralne karte

slagalica
Sestavljanka

SUPER
MEGA

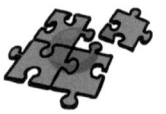

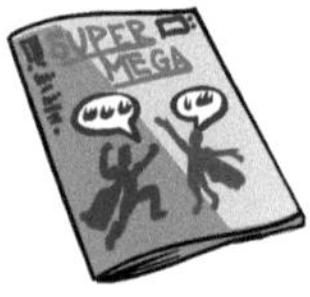

strip
Strip

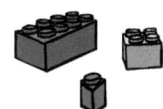

lego kockice
Lego kocke

kockice za slaganje
Igralne kocke

akcioni junak
Akcijska figura

benkica za bebe
Bodi

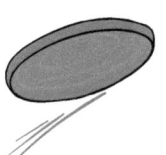

frizbi
Frizbi

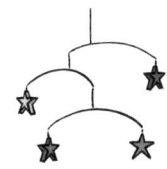

viseće igračke
Vrtiljak za posteljico

društvene igre
Namizna igra

kocka
Kocka

minijaturna željeznica
Komplet modelov vlakov

duda
Duda

zabava
Zabava

slikovnica
Slikanica

lopta
Žoga

lutka
Lutka

igrati
Igrati se

pješčanik

Peskovnik

ljuljačka

Gugalnica

igračka

Igrače

konzola za igre

Igralna konzola

tricikl

Tricikel

tedi

Plišasti medvedek

ormar

Garderoba

odeća
Oblačilo

kratke čarape

Nogavice

čarape

Samostoječe nogavice

hulahopke

Hlačne nogavice

šal
Šal

kaiš
Pas

kišobran
Dežnik

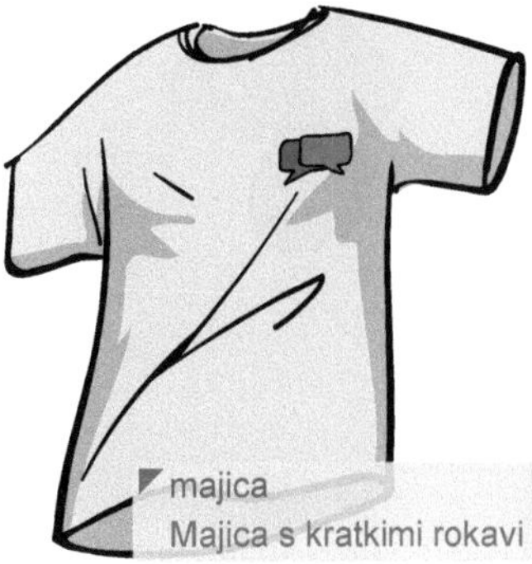

majica
Majica s kratkimi rokavi

patike
Športni copati

čizme
Škornji

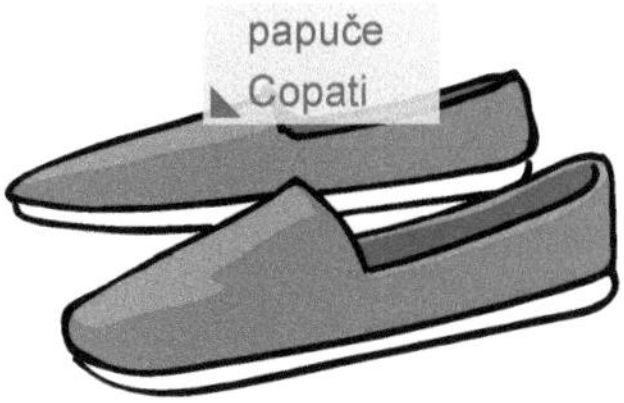

papuče
Copati

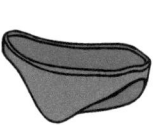

sandale
....
Sandali

cipele
....
Čevlji

gumene čizme
....
Gumijasti škornji

gaćice
....
Spodnje hlače

grudnjak
....
Modrček

potkošulja
....
Telovnik

odeća - Oblačilo

bodi
Bodi

pantalone
Hlače

farmerke
Kavbojke

suknja
Krilo

bluza
Bluza

košulja
Srajca

džemper
Pulover

džemper s kapuljačom
Pletena jopica

sako
Jopa

jakna
Jakna

kaput
Plašč

kabanica
Dežni plašč

kostim
Kostim

haljina
Obleka

venčanica
Poročna obleka

odelo

Obleka

spavaćica

Spalna srajca

pidžama

Pižama

sari

Sari

marama za glavu

Naglavna ruta

turban

Turban

burka

Burka

kaftan

Kaftan

abaja

Abaja

kupaći kostim

Kopalke

kupaće gaćice

Kopalne hlače

kratke pantalone

Kratke hlače

odeća za trening

Trenirka

kecelja

Predpasnik

rukavice

Rokavice

dugme

Gumb

naočare

Očala

narukvica

Zapestnica

ogrlica

Verižica

prsten

Prstan

naušnica

Uhan

kapa

Kapa

vešalica

Obešalnik

šešir

Klobuk

kravata

Kravata

patent zatvarač

Zadrga

kaciga

Čelada

naramenice

Naramnice

školska uniforma

Šolska uniforma

uniforma

Uniforma

podbradak
....
Slinček

duda
....
Duda

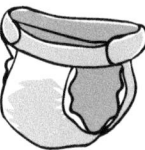

pelena
....
Plenica

kancelarija
Pisarna

server
Strežnik

ormar za spise
Kartotečna omara

štampač
Tiskalnik

monitor
Monitor

papir
Papir

pisaći stol
Pisalna miza

miš
Miška

mapa
Mapa

tastatura
Tipkovnica

košara za papir
Koš za smeti

stolica
Stol

kompjuter
Računalnik

šalica za kavu
....
Lonček za kavo

kalkulator
....
Kalkulator

internet
....
Internet

laptop

Prenosnik

pismo

Pismo

poruka

Sporočilo

mobilni telefon

Mobilnik

mreža

Omrežje

uređaj za kopiranje

Kopirni stroj

softver

Programska oprema

telefon

Telefon

utičnica

Vtičnica

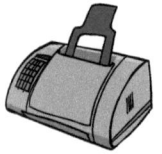

faks

Telefaks

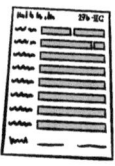

formular

Obrazec

dokument

Dokument

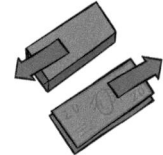

kupovati

Kupiti

platiti

Plačati

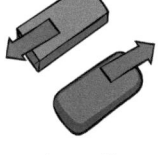

trgovati

Trgovati

novac

Denar

USD

dolar

Dolar

EUR

evro

Evro

JPY

jen

Jen

RUB

rublja

Rubelj

CHF

švajcarski franak

Švičarski frank

CNY

renmindbi juan

Kitajski juan renminbi

INR

rupija

Rupija

automat za novac

Bankomat

menjačnica

Menjalnica

zlato

Zlato

srebro

Srebro

nafta

Nafta

energija

Energija

cena

Cena

ugovor

Pogodba

porez

Davek

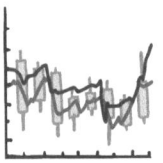

deonica

Delnice

raditi

Delati

službenik

Delojemalec

poslodavac

Delodajalec

fabrika

Tovarna

prodavnica

Trgovina

ekonomija - Gospodarstvo

zanimanja
Poklici

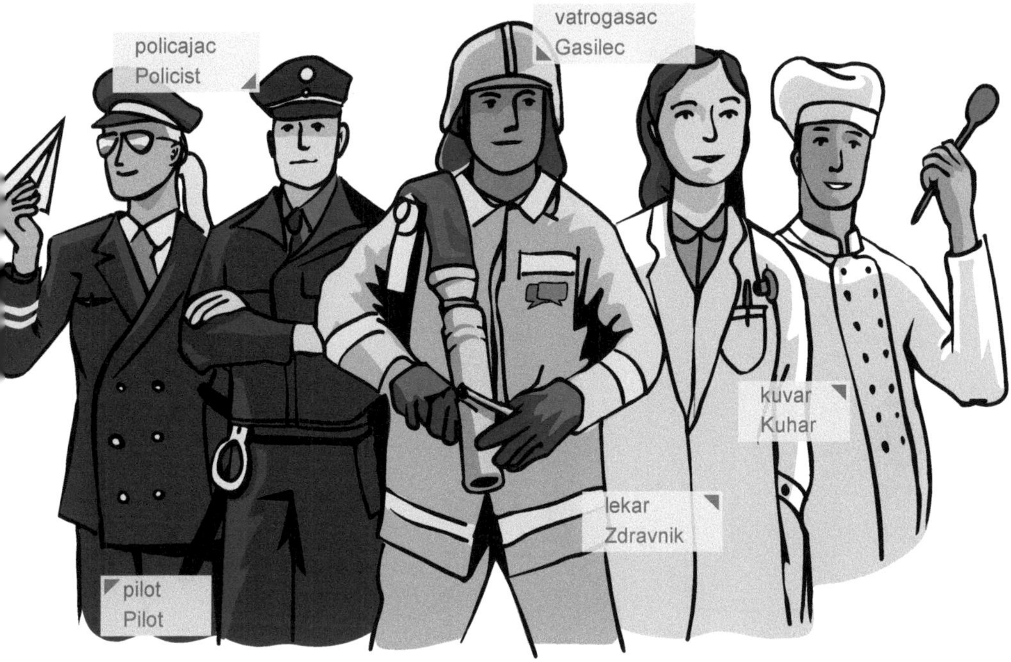
policajac
Policist
vatrogasac
Gasilec
kuvar
Kuhar
lekar
Zdravnik
pilot
Pilot

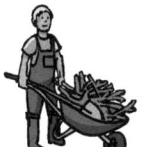

vrtlar

Vrtnar

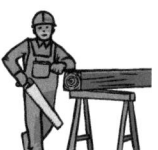

stolar

Mizar

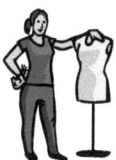

krojačica

Šivilja

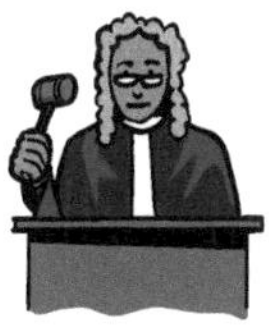

sudija

Sodnik

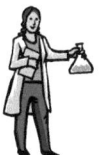

hemičar

Kemik

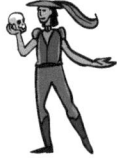

glumac

Igralec

vozač autobusa

Voznik avtobusa

vozač taksija

Taksist

ribar

Ribič

čistačica

Čistilka

krovopokrivač

Krovec

konobar

Natakar

lovac

Lovec

slikar

Pleskar

pekar

Pek

električar

Električar

građevinski radnik

Gradbenik

inženjer

Inženir

mesar

Mesar

limar

Vodovodni inštalater

poštar

Poštar

vojnik

Vojak

arhitekta

Arhitekt

blagajnik

Blagajnik

cvećar

Cvetličar

frizer

Frizer

kondukter

Sprevodnik

mehaničar

Mehanik

kapetan

Kapitan

zubar

Zobozdravnik

naučnik

Znanstvenik

rabi

Rabin

imam

Imam

monah

Menih

svećenik

Duhovnik

alati
Orodje

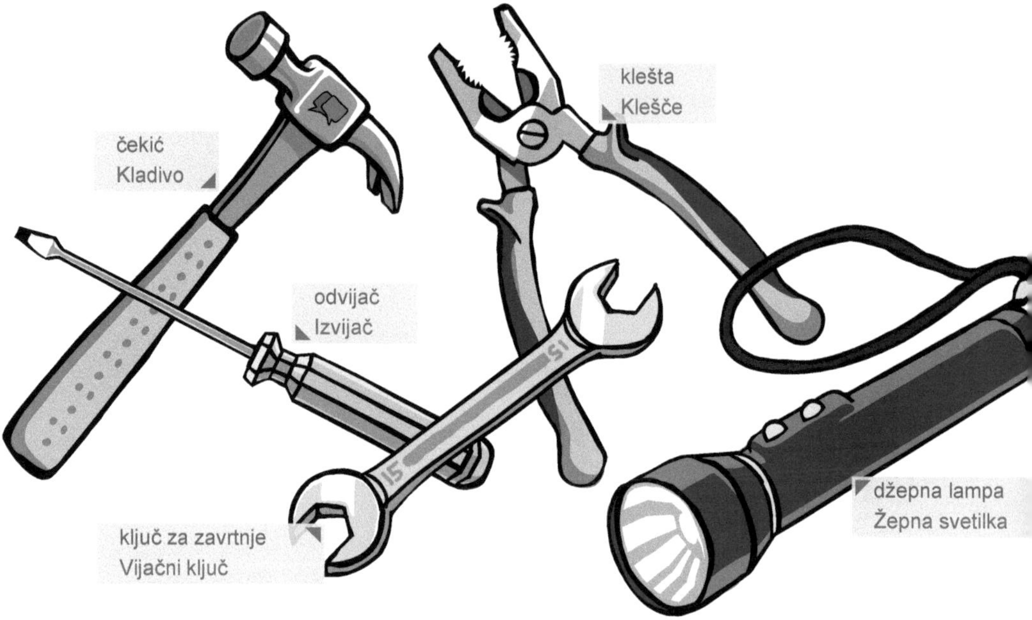

čekić
Kladivo
klešta
Klešče
odvijač
Izvijač
ključ za zavrtnje
Vijačni ključ
džepna lampa
Žepna svetilka

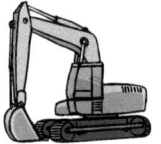

bager
Bager

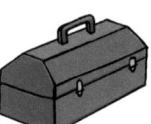

kutija za alat
Zaboj z orodjem

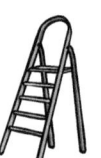

merdevine
Lestev

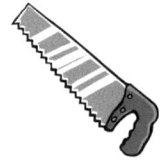

pila
Žaga

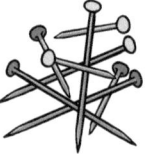

ekser
Žeblji

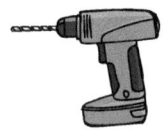

bušilica
Vrtalnik

popraviti

Popraviti

lopata

Lopata

do đavola!

Šment!

lopatica

Smetišnica

lonac za boju

Posoda z barvo

zavrtanji

Vijaki

muzički instrument
Glasbeni instrument

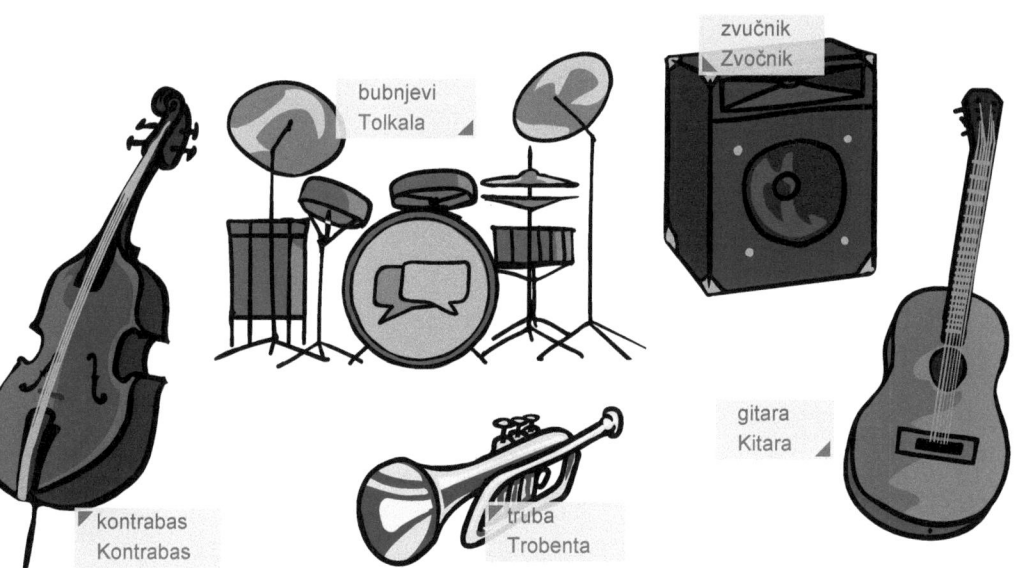

bubnjevi
Tolkala

zvučnik
Zvočnik

kontrabas
Kontrabas

truba
Trobenta

gitara
Kitara

klavir

Klavir

violina

Violina

bas

Bas kitara

timpani

Pavke

udaraljke za bubnjeve

Bobni

tipke klavira

Sintetizator

saksofon

Saksofon

flauta

Flavta

mikrofon

Mikrofon

muzički instrument - Glasbeni instrument

zoološki vrt
Živalski vrt

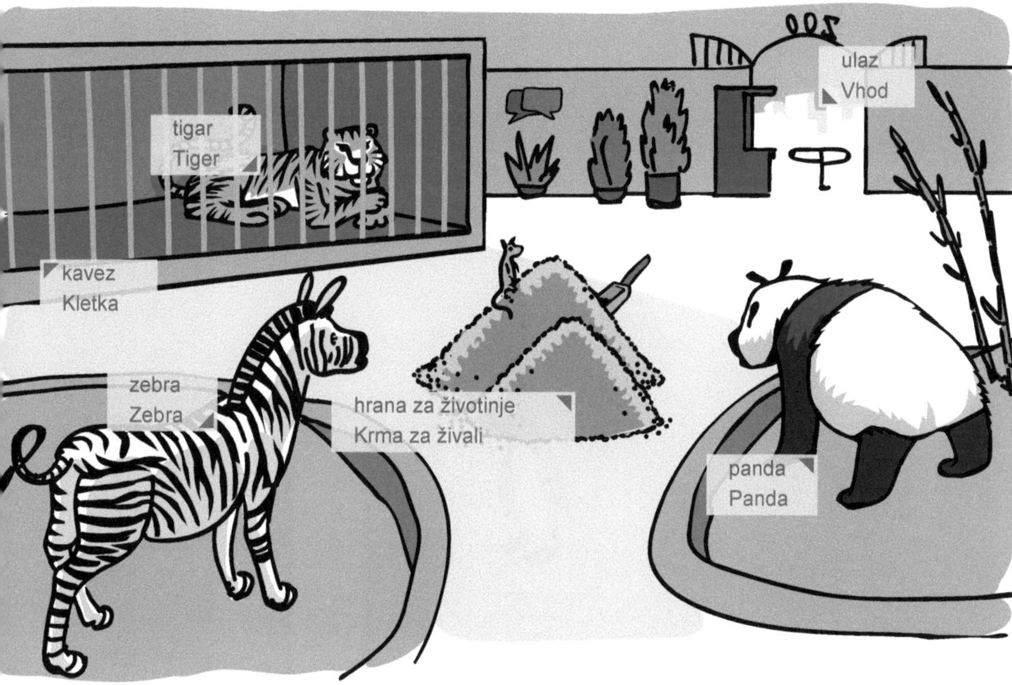
ulaz
Vhod
tigar
Tiger
kavez
Kletka
zebra
Zebra
hrana za životinje
Krma za živali
panda
Panda

životinje
Živali

slon
Slon

kengur
Kenguru

nosorog
Nosorog

gorila
Gorila

medved
Medved

kamila

Kamela

noj

Noj

lav

Lev

majmun

Opica

flamingo

Plamenec

papagaj

Papagaj

polarni medved

Severni medved

pingvin

Pingvin

ajkula

Morski pes

paun

Pav

zmija

Kača

krokodil

Krokodil

čuvar u zoološkom vrtu

Oskrbnik v živalskem vrtu

tuljan

Tjulenj

jaguar

Jaguar

poni
Poni

leopard
Leopard

nilski konj
Povodni konj

žirafa
Žirafa

orao
Orel

divlja svinja
Divji prašič

riba
Riba

kornjača
Želva

morž
Mrož

lisica
Lisica

gazela
Gazela

američki nogomet
Ameriški nogomet

biciklizam
Kolesarjenje

tenis
Tenis

košarka
Košarka

plivanje
Plavanje

hokej na ledu
Hokej

boks
Boks

fudbal
Nogomet

badminton
Badminton

atletika
Atletika

rukomet
Rokomet

skijanje
Smučanje

polo
Polo

aktivnosti
Dejavnosti

smejati se
Smejati se
skočiti
Skočiti
zagrliti
Objeti
ići
Hoditi
pevati
Peti
sanjati
Sanjati
moliti se
Moliti
poljubiti
Poljubiti

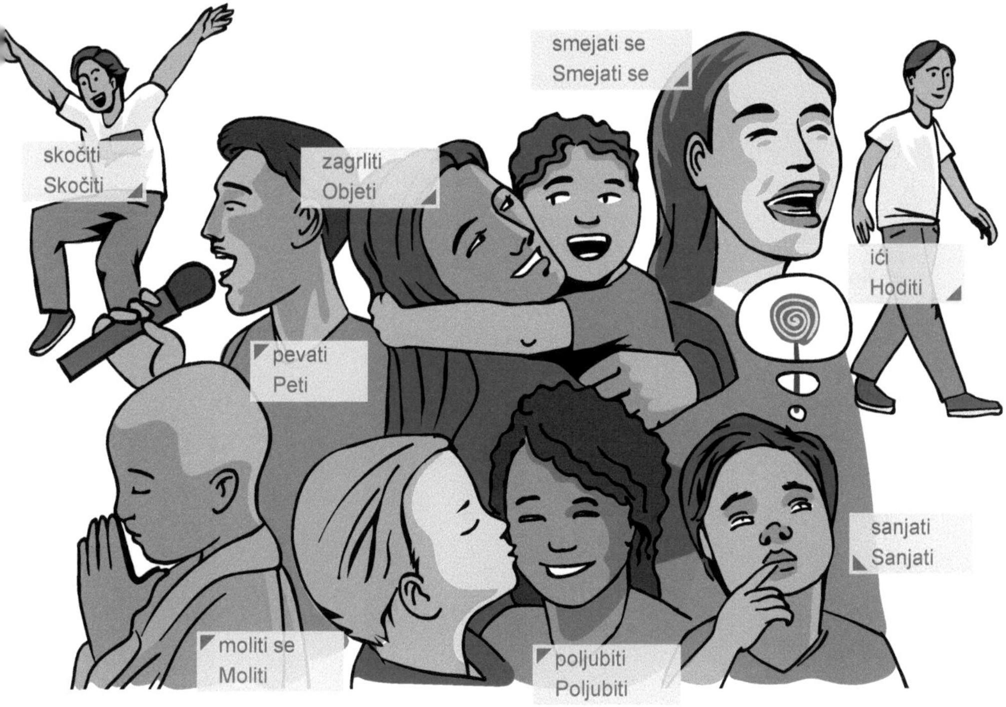

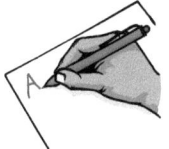

pisati
Pisati

crtati
Risati

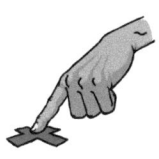

pokazati
Pokazati

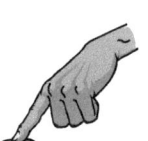

gurati
Potisniti

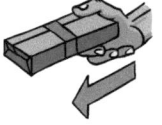

dati
Dati

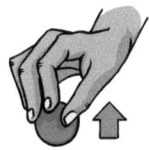

uzeti
Vzeti

imati
....
Imeti

činiti
....
Narediti

biti
....
Biti

stojati
....
Stati

trčati
....
Teči

povlačiti
....
Vleči

baciti
....
Vreči

padati
....
Pasti

ležati
....
Ležati

čekati
....
Čakati

nositi
....
Nositi

sediti
....
Sedeti

oblačiti
....
Obleči se

spavati
....
Spati

probuditi se
....
Zbuditi se

gledati

Gledati

plakati

Jokati

milovati

Božati

češljati

Česati se

govoriti

Govoriti

razumeti

Razumeti

pitati

Vprašati

slušati

Poslušati

piti

Piti

jesti

Jesti

pospremiti

Pospraviti

voleti

Ljubiti

kuhati

Kuhati

voziti

Voziti

leteti

Leteti

ploviti

Jadrati

računati

Računanje

čitati

Brati

učiti

Učiti se

raditi

Delati

venčati se

Poročiti se

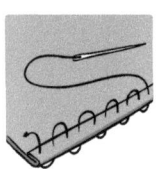

šiti

Šivati

prati zube

Ščetkati si zobe

ubiti

Ubiti

pušiti

Kaditi

poslati

Poslati

porodica
Družina

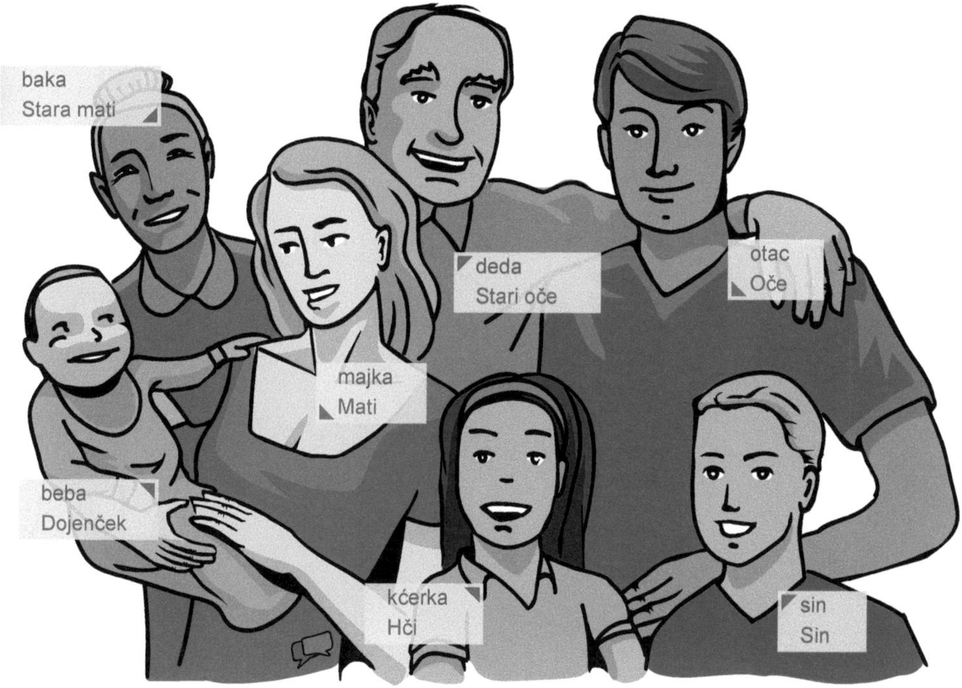

baka
Stara mati
deda
Stari oče
otac
Oče
majka
Mati
beba
Dojenček
kćerka
Hči
sin
Sin

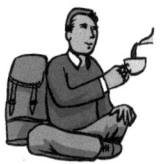

gost
Gost

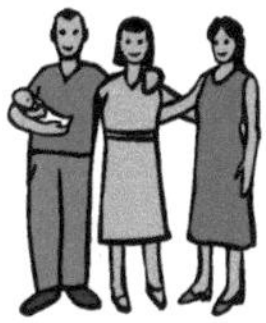

tetka
Teta

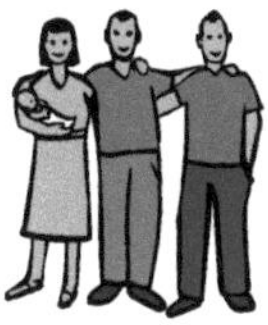

ujak, stric
Stric

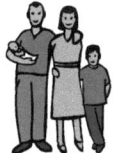

brat
Brat

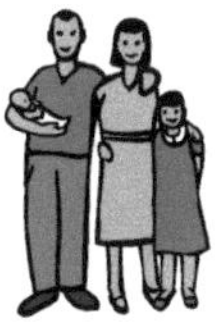

sestra
Sestra

telo

Telo

čelo
Čelo
oko
Oko
rame
Rama
prst
Prst
lice
Obraz
brada
Brada
ruka
Dlan
grudi
Prsi
noga
Noga
ruka
Roka

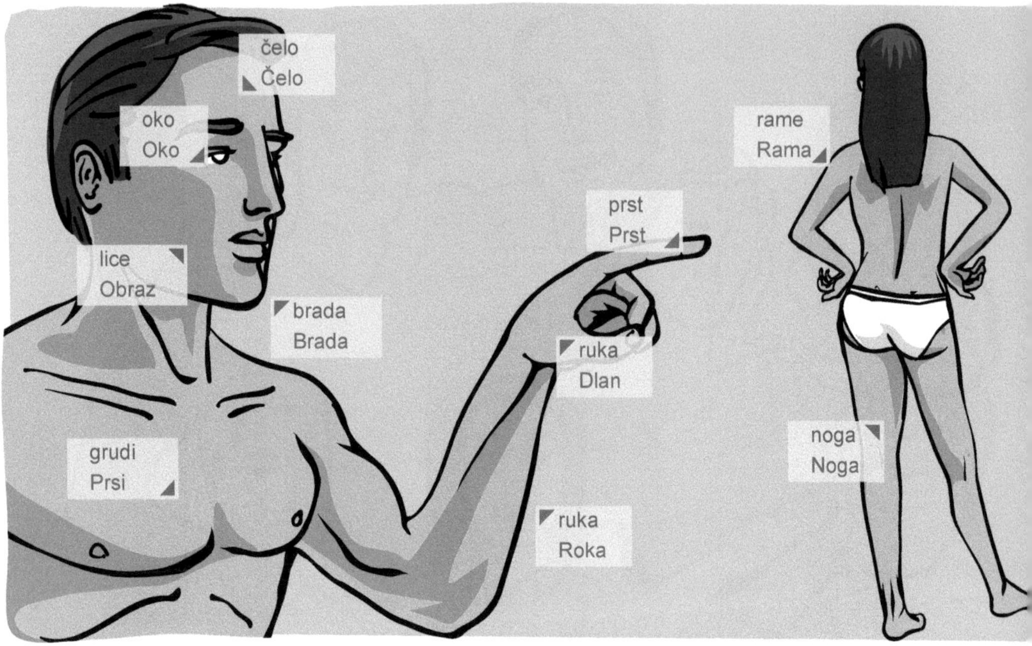

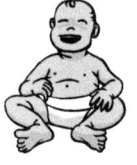

beba
Dojenček

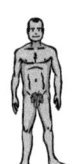

muškarac
Človek

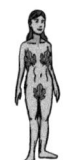

žena
Ženska

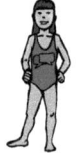

devojčica
Dekle

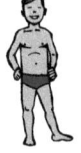

dečak
Fant

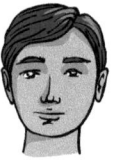

glava
Glava

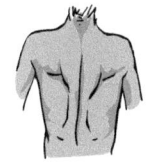

leđa

Hrbet

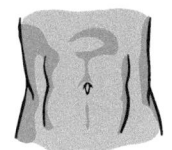

stomak

Trebuh

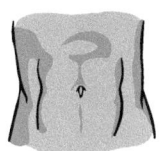

pupak

Popek

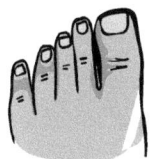

nožni prst

Prst na nogi

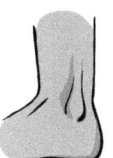

peta

Peta

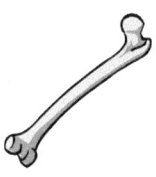

kost

Kost

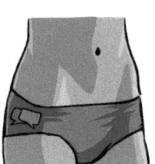

kukovi

Kolk

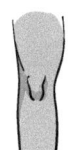

koleno

Koleno

lakat

Komolec

nos

Nos

zadnjica

Zadnjica

koža

Koža

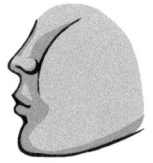

obraz

Lice

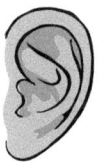

uvo

Uho

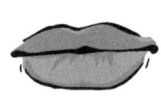

usna

Ustnica

telo - Telo

usta

Usta

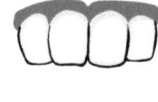

zub

Zob

jezik

Jezik

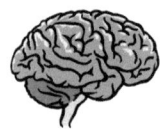

mozak

Možgani

srce

Srce

mišić

Mišica

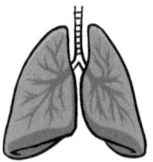

pluća

Pljuča

jetra

Jetra

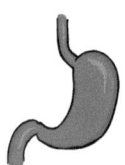

želudac

Želodec

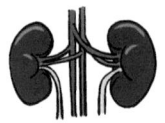

bubrezi

Ledvice

polni odnos

Spolni odnos

kondom

Kondom

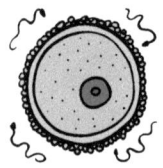

jajna ćelija

Jajčece

sperma

Semenska tekočina

trudnoća

Nosečnost

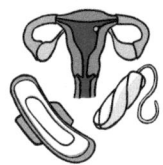

menstruacija

Menstruacija

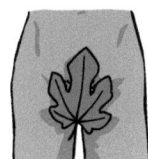

vagina

Vagina

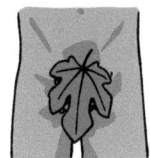

penis

Penis

obrva

Obrv

kosa

Lasje

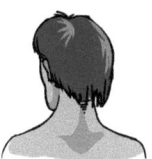

vrat

Vrat

bolnica
Bolnišnica

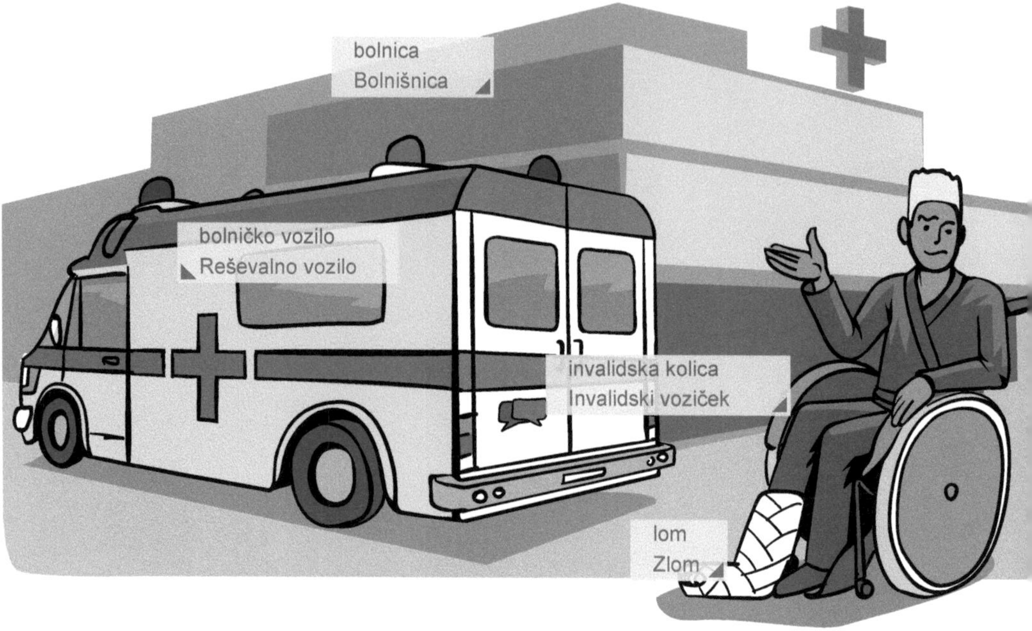

bolnica
Bolnišnica
bolničko vozilo
Reševalno vozilo
invalidska kolica
Invalidski voziček
lom
Zlom

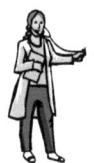

lekar
Zdravnik

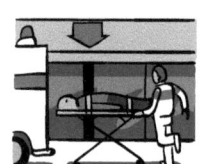

hitna medicinska služba
Urgenca

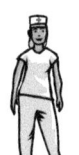

medicinska sestra
Medicinska sestra

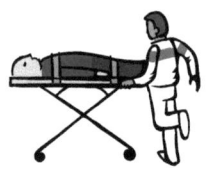

hitni slučaj
Nujni primer

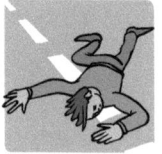

nesvest
Nezavesten

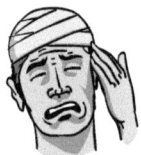

bol
Bolečina

povreda

Poškodba

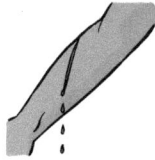

krvarenje

Krvavenje

srčani udar

Srčni infarkt

udar

Kap

alergija

Alergija

kašalj

Kašelj

groznica

Vročina

gripa

Gripa

proliv

Driska

glavobolja

Glavobol

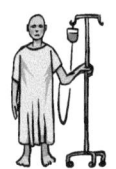

rak

Rak

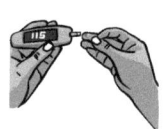

dijabetes

Sladkorna bolezen

hirurg

Kirurg

skalpel

Skalpel

operacija

Operacija

ct
....
CT

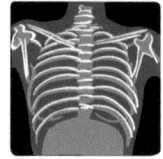

rentgen
....
Rentgen

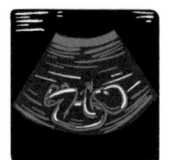

ultrazvuk
....
Ultrazvok

maska
....
Obrazna maska

bolest
....
Bolezen

čekaona
....
Čakalnica

štaka
....
Bergla

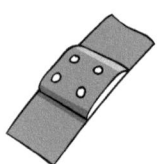

flaster
....
Obliž

zavoj
....
Preveza

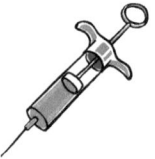

injekcija
....
Injekcija

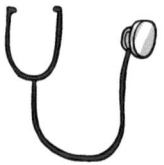

stetoskop
....
Stetoskop

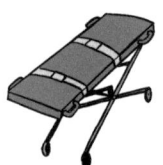

nosila
....
Nosila

termometar
....
Klinični termometer

rođenje
....
Porod

prekomerna težina
....
Prekomerna teža

slušni aparat

Slušni pripomoček

sredstvo za dezinfekciju

Razkužilo

infekcija

Okužba

virus

Virus

HIV / AIDS

HIV / AIDS

medicina

Medicina

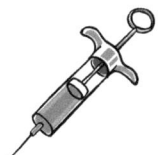

vakcinacija

Cepljenje

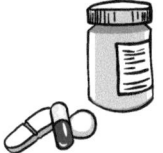

tablete

Tablete

pilula

Tableta

hitni poziv

Klic v sili

uređaj za merenje pritiska

Merilnik krvnega tlaka

bolesno / zdravo

bolano / zdravo

pomoć!

Na pomoč!

alarm

Alarm

nasrtaj

Napad

napad

Napad

opasnost

Nevarnost

izlaz u slučaju nužde

Izhod v sili

požar!

Gori!

protivpožarni aparat

Gasilni aparat

nezgoda

Nezgoda

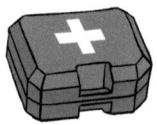

kutija prve pomoći

Komplet za prvo pomoč

sos

SOS

policija

Policija

Evropa

Evropa

Severna Amerika

Severna Amerika

Južna Amerika

Južna Amerika

Afrika

Afrika

Azija

Azija

Australija

Avstralija

Atlantik

Atlantski ocean

Pacifik

Tihi ocean

Indijski okean

Indijski ocean

Antarktički okean

Južni ocean

Arktički ocean

Arktični ocean

Severni pol

Severni tečaj

Južni pol
Južni tečaj

Antarktik
Antarktika

zemlja
Zemlja

zemlja
Kopno

more
Morje

otok
Otok

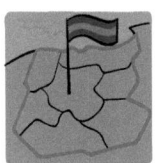

nacija
Narod

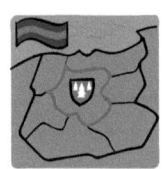

država
Država

brojčanik sata

Številčnica

satna kazaljka

Urni kazalec

minutna kazaljka

Minutni kazalec

sekundna kazaljka

Sekundni kazalec

Koliko je sati?

Koliko je ura?

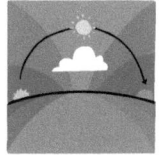

dan

Dan

vreme

Čas

sada

Zdaj

digitalni sat

Digitalna ura

minuta

Minuta

čas

Ura

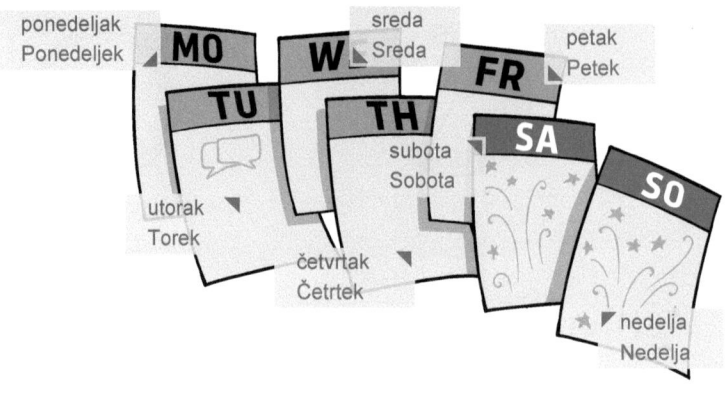

ponedeljak
Ponedeljek

sreda
Sreda

petak
Petek

utorak
Torek

subota
Sobota

četvrtak
Četrtek

nedelja
Nedelja

juče

Včeraj

danas

Danes

sutra

Jutri

jutro

Jutro

podne

Poldne

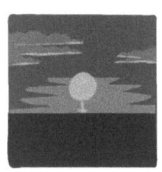

veče

Večer

MO	TU	WE	TH	FR	SA	SU
1	2	3	4	5	6	7
8	9	10	11	12	13	14
15	16	17	18	19	20	21
22	23	24	25	26	27	28
29	30	31	1	2	3	4

radni dani

Delovni dnevi

MO	TU	WE	TH	FR	SA	SU
1	2	3	4	5	6	7
8	9	10	11	12	13	14
15	16	17	18	19	20	21
22	23	24	25	26	27	28
29	30	31	1	2	3	4

vikend

Konec tedna

godina
Leto

kiša
Dež
duga
Mavrica
vetar
Veter
sneg
Sneg
proleće
Pomlad
leto
Poletje
jesen
Jesen
zima
Zima

4.APRIL 11°
5.APRIL 4°
6.APRIL 13°
7.APRIL 8°
8.APRIL 10°

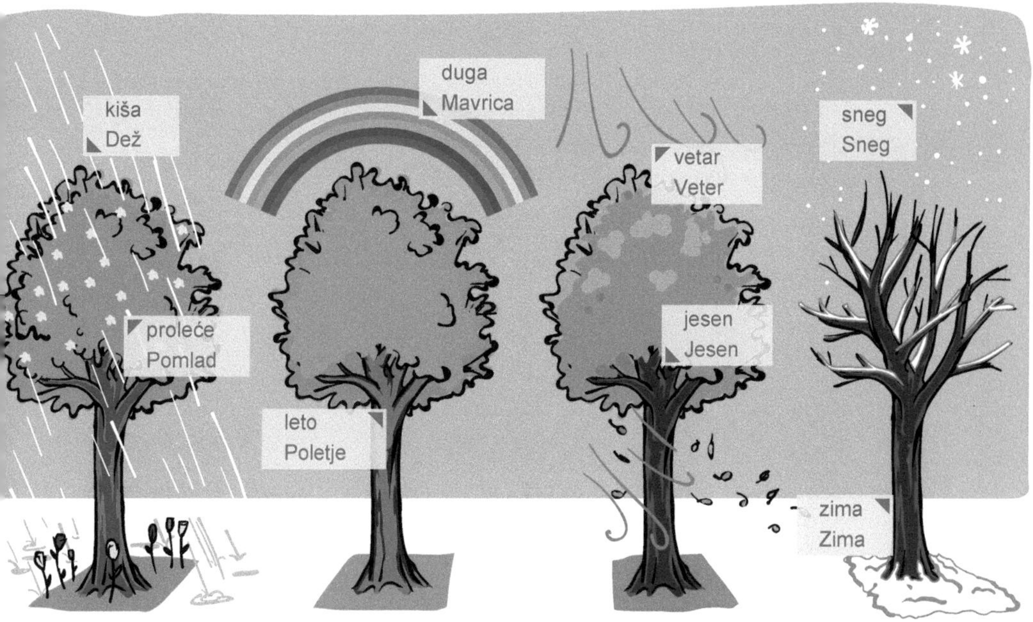

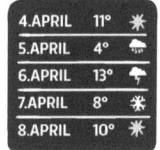

meteorološka prognoza

Vremenska napoved

F C
120 90 60 30 0 -30
40 30 20 10 0 -10 -20

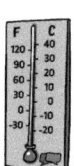

termometar

Termometer

sunčana svetlost

Sončna svetloba

oblak

Oblak

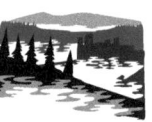

magla

Megla

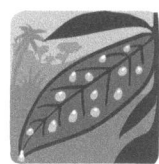

vlažnost vazduha

Vlažnost

munja

Strela

grmljavina

Grom

oluja

Nevihta

tuča

Toča

monsun

Monsun

poplava

Poplava

led

Led

januar

Januar

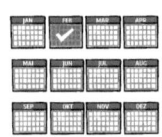

februar

Februar

mart

Marec

april

April

maj

Maj

juni

Junij

juli

Julij

avgust

Avgust

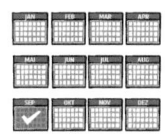

septembar
....
September

oktobar
....
Oktober

novembar
....
November

decembar
....
December

krug
....
Krogla

kvadrat
....
Kvadrat

pravougao
....
Pravokotnik

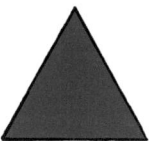

trougao
....
Trikotnik

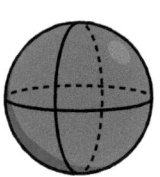

kugla
....
Krogla

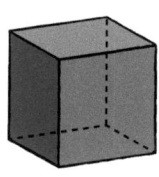

kocka
....
Kocka

bela
Bela

žuta
Rumena

narandžasta
Oranžna

ružičasta
Rožnata

crvena
Rdeča

ljubičasta
Vijolična

plava
Modra

zelena
Zelena

smeđa
Rjava

siva
Siva

crna
Črna

mnogo / malo
veliko / malo

ljutito / mirno
jezno / umirjeno

lepo / ružno
lepo / grdo

početak / kraj
začetek / konec

veliko / maleno
veliko / majhno

svetlo / tamno
svetlo / temno

brat / sestra
brat / sestra

čisto / prljavo
čisto / umazano

potpuno / nepotpuno
popolno / nepopolno

dan / noć
dan / noč

mrtvo / živo
mrtvo / živo

široko / usko
široko / ozko

jestivo / nejestivo

užitno / neužitno

zlo / dobro

zlobno / prijazno

uzbuđeno / dosadno

vznemirjeno / zdolgočaseno

debelo / mršavo

debelo / vitko

na početku / na kraju

prvo / zadnje

prijatelj / neprijatelj

prijatelj / sovražnik

puno / prazno

polno / prazno

tvrdo / mekano

trdo / mehko

teško / lagano

težko / lahko

glad / žeđ

lakota / žeja

bolesno / zdravo

bolano / zdravo

ilegalno / legalno

nezakonito / zakonito

pametno / glupo

pametno / neumno

levo / desno

levo / desno

blizu / daleko

blizu / daleč

novo / polovno

novo / rabljeno

ništa / nešto

nič / nekaj

staro / mlado

staro / mlado

uključeno / isključeno

vklopljeno / izklopljeno

otvoreno / zatvoreno

odprto / zaprto

tiho / glasno

tiho / glasno

bogato / siromašno

bogato / revno

tačno / pogrešno

prav / narobe

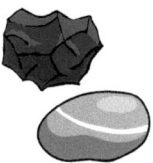

hrapavo / glatko

grobo / gladko

tužno / sretno

žalostno / veselo

kratko / dugo

kratko / dolgo

polako / brzo

počasi / hitro

mokro / suho

mokro / suho

toplo / hladno

toplo / hladno

rat / mir

vojna / mir

0	**1**	**2**
nula	jedan	dva
Ničla	Ena	Dva

3	**4**	**5**
tri	četiri	pet
Tri	Štiri	Pet

6	**7**	**8**
šest	sedam	osam
Šest	Sedem	Osem

9	**10**	**11**
devet	deset	jedanaest
Devet	Deset	Enajst

12

dvanaest

Dvanajst

13

trinaest

Trinajst

14

četrnaest

Štirinajst

15

petnaest

Petnajst

16

šestnaest

Šestnajst

17

sedamnaest

Sedemnajst

18

osamnaest

Osemnajst

19

devetnaest

Devetnajst

20

dvadeset

Dvajset

100

stotinu

Sto

1.000

hiljadu

Tisoč

1.000.000

milion

Milijon

engleski

Angleščina

američki engleski

Ameriška angleščina

mandarinski kineski

Mandarinščina

hindski

Hindujščina

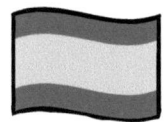

španski

Španščina

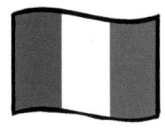

francuski

Francoščina

arapski

Arabščina

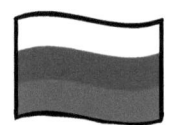

ruski

Ruščina

portugalski

Portugalščina

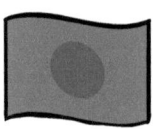

bengalski

Bengalščina

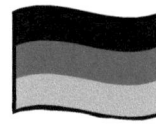

nemački

Nemščina

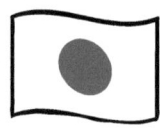

japanski

Japonščina

ja
Jaz

ti
Ti

on / ona / ono
On / ona / tisto

mi
Mi

vi
Vi

oni
Oni

Ko?
Kdo?

Šta?
Kaj?

Kako?
Kako?

Gde?
Kje?

Kada?
Kdaj?

ime
Ime

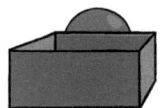

iza
....
Zadaj

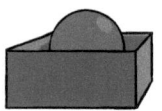

u
....
V

ispred
....
Pred

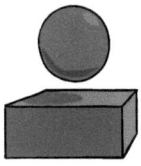

preko
....
Nad

na
....
Na

ispod
....
Pod

pored
....
Poleg

između
....
Med

mesto
....
Kraj